ADMINISTRATION

DES

TROUPES EN CAMPAGNE

ET FORMALITÉS

POUR PASSER DU PIED DE PAIX AU PIED DE GUERRE

CONFÉRENCE DE GARNISON

PAR

Le Sous-Intendant militaire REMY

LICENCIÉ EN DROIT

PARIS

HENRI CHARLES-LAVAUZELLE

Éditeur militaire

11, PLACE SAINT-ANDRÉ-DES-ARTS, 11

(Même maison à Limoges.)

ADMINISTRATION

DES

TROUPES EN CAMPAGNE

ADMINISTRATION

DES

TROUPES EN CAMPAGNE

ET FORMALITÉS

POUR PASSER DU PIED DE PAIX AU PIED DE GUERRE

CONFÉRENCE DE GARNISON

PAR

Le Sous-Intendant militaire REMY

LICENCIÉ EN DROIT

PARIS

HENRI CHARLES-LAVAUZELLE

Éditeur militaire

11, PLACE SAINT-ANDRÉ-DES-ARTS, 11

(Même maison à Limoges.)

ADMINISTRATION

DES

TROUPES EN CAMPAGNE

Les corps sont administrés en temps de paix comme en temps de guerre par des conseils d'administration.

En temps de paix, quand un corps de troupe est réuni tout entier dans la même garnison, son conseil se compose de cinq membres : le chef de corps président, le major, le trésorier, l'officier d'habillement et un commandant de compagnie. Mais il est rare qu'un corps ne soit pas morcelé; le plus souvent il est divisé en fractions distinctes occupant des localités différentes.

De ces fractions, il en est une qui n'est pas assujettie comme les autres à des changements de résidence; elle est établie à demeure quelque part; même en temps de guerre elle n'en bouge pas. C'est là que le corps a ses archives, ses magasins, ses ateliers; c'est de là qu'en temps de guerre il tirera ses renouvellements en hommes et en matériel; c'est là que sont centralisés tous ses comptes. Cette fraction-là, c'est le dépôt; c'est un centre; d'où le nom de portion centrale qui lui est donné. Le conseil d'administration qui y fonctionne est le conseil d'administration central; il est chargé de l'administration de l'ensemble du corps; c'est lui qui répartit entre les conseils d'administration ou les officiers commandants des diverses autres fractions les ressources mises à la disposition du corps tout entier.

Mais la portion centrale est souvent réduite au seul dépôt, et peut ne comprendre qu'un nombre d'officiers très restreint. Aussi le règlement du 14 janvier 1889 prévoit-il que le conseil d'administration de la portion centrale pourra n'être composé que de quatre et même de trois membres : le major, président, le trésorier et l'officier d'habillement.

Quand un corps est divisé, sa plus grosse fraction, sous les ordres du chef de corps, constitue la portion principale. Elle est administrée par un conseil d'administration éventuel composé de cinq membres : le chef de corps président, l'officier faisant fonctions de major, l'officier payeur, l'officier délégué à l'habillement, un commandant de compagnie.

Toute fraction composée au moins de six compagnies ou de trois escadrons est administrée par un semblable conseil éventuel.

Quand une fraction est d'importance moindre, elle n'est plus administrée par un conseil d'administration éventuel mais bien par l'officier commandant lui-même. Celui-ci peut se faire aider dans les détails et dans les écritures par un officier qui prend le nom d'officier de détails, mais il est seul responsable.

Les conseils éventuels, comme les officiers commandants, n'ont d'autre mission que de faire emploi des ressources mises à leur disposition par le conseil d'administration central.

Toutes ces règles subsistent en temps de guerre, sauf sur un point. Le règlement du 10 juin 1889 sur l'administration des corps de troupe en campagne a prévu qu'il pourrait y avoir à la guerre des circonstances où il serait difficile de réunir les cinq officiers qui, normalement, doivent constituer le conseil; et il admet qu'en pareil cas le conseil pourra valablement délibérer, même s'il est réduit à trois membres.

Les attributions des conseils consistent à employer le mieux possible, en vue de la satisfaction des besoins de la troupe, le matériel, les fonds et les denrées que l'Etat met à leur disposition.

Cette fonction-là, si on l'analyse un peu, peut se décomposer en deux rôles bien distincts : un rôle de simple répartiteur, un rôle d'administrateur proprement dit.

Il est, en effet, certaines allocations, comme la solde, l'indemnité représentative de viande, le pain, les fourrages, qui sont destinées à être réparties intégralement entre les hommes ou les animaux. Quand le conseil a perçu en bloc ces allocations-là et qu'il en a assuré la répartition intégrale entre les ayants droit, sa tâche est complètement remplie. C'est là, comme je vous le disais, un rôle de simple répartiteur.

Mais il est d'autres besoins de la troupe auxquels l'Etat charge les conseils de pourvoir moyennant un abonnement qu'il conclut avec eux. Les allocations en argent qui leur sont alors dévolues sont des allocations forfaitaires, fixées invariablement une fois pour toutes et qui doivent suffire quelle que soit l'étendue des besoins. Ces allocations forfaitaires constituent les masses.

Cependant toutes les masses ne se ressemblent pas :

Il y en a qui ont pour but de pourvoir à des besoins d'ensemble, à des besoins collectifs, ce qui exclut toute idée de répartition individuelle : comme l'ancienne masse générale d'entretien, la masse de harnachement et ferrage, la masse des écoles. Ces masses-là sont d'une administration relativement simple : les fonds alloués sont utilisés au fur et à mesure des besoins, avec la seule préoccupation de ne pas dépasser les allocations et de faire des économies si possible.

Il est d'autres masses, au contraire, qui ont pour objet

de constituer des approvisionnements de denrées ou de matières destinées à une répartition individuelle ultérieure, comme la masse de chauffage et la masse d'habillement. Celles-ci comportent des soucis et des soins d'administration véritable : il faut, en effet, constituer des approvisionnements et pour cela conclure des achats ou passer des marchés ; il faut conserver ces approvisionnements, les manutentionner, les transformer quelquefois, et enfin les répartir, et par cette répartition satisfaire à tous les besoins individuels. Autant de soucis qui s'ajoutent à la préoccupation unique de tout à l'heure de ne pas dépasser les allocations.

Vous voyez que si les masses de la 1re catégorie sont d'une administration très simple, il n'en va pas de même des autres.

Concluons-en tout de suite qu'à la guerre, où tout doit être simple, les premières seules seront conservées et que les secondes disparaîtront.

Ces considérations un peu générales m'ont permis d'énumérer les diverses allocations (solde et indemnités, fournitures en nature, masses) dont les conseils ont à faire emploi. Je vais maintenant passer en revue les règles d'administration relatives à chacune d'elles ; j'examinerai ce que sont ces règles en temps de paix et ce qu'elles deviennent en temps de guerre. Pour cet examen, je me placerai toujours au point de vue, non pas de l'administration de l'ensemble du corps, mais de l'administration d'une portion détachée, d'une portion faisant campagne (c'est en effet aux officiers faisant partie d'une semblable fraction que cette conférence peut être utile), et je ne ferai intervenir le conseil d'administration central et ses comptables, le trésorier et l'officier d'habillement, que lorsqu'il le faudra absolument pour donner une idée des relations de la portion détachée avec le dépôt.

Parlons d'abord de la solde et des indemnités.

En temps de paix, les capitaines reçoivent de l'officier payeur, tous les cinq jours, la solde et l'indemnité de viande acquises aux hommes de leur unité. Cela s'appelle le prêt.

Le prêt, déduction faite du sou de poche, sert à l'acquisition du pain de soupe, des légumes et des condiments divers entrant dans l'alimentation du soldat. L'indemnité de viande est remaniée tous les six mois; elle est fixée de manière à représenter la valeur de 300 grammes de viande.

Le prêt est, en principe, touché à terme échu. Toutefois, le règlement sur l'administration des corps de troupe (art. 132) prévoit que « pour les troupes en marche et pour les corps ou détachements où est appliqué le mode d'achat direct par les ordinaires, le prêt peut être perçu d'avance si la nécessité en est reconnue par le conseil d'administration ou l'officier commandant ». En temps de guerre, pour les troupes non mobilisées, le prêt pourra continuer à se percevoir à terme échu; mais pour les troupes qui feront campagne, comme elles marcheront et qu'il faudra y appliquer le mode d'achat direct par les ordinaires, le prêt sera toujours très probablement perçu d'avance.

L'article 139 du décret du 14 janvier 1889 dispose encore : « Il est fait des feuilles de prêt distinctes pour le pied de paix et pour le pied de guerre », et l'article 143 : « Les feuilles de prêt établies aux armées sont envoyées au dépôt du corps »; je vous donnerai tout à l'heure, en terminant, la raison de ces prescriptions.

Cependant, les prestations de la solde et de l'indemnité de viande, bien qu'appartenant aux hommes, ne leur sont pas remises individuellement; pour faire profiter les individus des bienfaits de l'association, on met ces allocations en commun par compagnie et on en forme un fonds appelé ordinaire, qui est géré par le capitaine. Le règlement du 23 octobre 1887 sur le fonctionnement des ordinaires dispose que ce fonctionnement a lieu en campagne comme à l'intérieur. Mais tandis qu'à l'intérieur on s'attache à réunir les ressources des ordinaires de toutes les compagnies pour les faire gérer par des commissions régimentaires chargées d'effectuer les achats en gros et de procurer aux hommes, de ce chef, de nouveaux avantages, « dans les marches, dit l'article 21 du règlement, en manœuvres et en campagne, les ordinaires sont gérés par les compagnies, escadrons ou batteries, en dehors de tout concours de la commission des ordinaires. La préparation des aliments est faite dans chaque escouade, sous la surveillance du caporal ou brigadier ».

Les comptes de l'ordinaire sont tenus, en temps de paix, par compagnie, dans une espèce de livre de ménage appelé livret d'ordinaire, qui est renouvelé tous les ans. En campagne le livret d'ordinaire est renouvelé tous les trois mois; on l'a fait d'un format plus réduit pour le rendre plus portatif; enfin, sa contexture est plus simple puisque, tous les achats étant faits directement par la compagnie, on n'a plus à y enregistrer les relations de la compagnie avec la commission des ordinaires.

Je rappelle ici qu'aux termes de l'Instruction du 28 avril 1888 sur l'alimentation pendant les transports stratégiques (article 7), les troupes transportées par chemin de fer ont droit toutes les vingt-quatre heures à trois repas dont deux fournis par l'administration dans ses stations haltes-repas et un troisième procuré par les ordinaires. Ce troisième repas sera un repas froid; il se composera de charcuterie, de fromage ou de denrées analogues achetées la veille du départ en quantité suffisante pour toute la durée du parcours, vu la difficulté d'en assurer le renouvellement pendant le trajet. Les sommes nécessaires à l'acquisition de ces denrées seront prises sur les bonis.

Mais ici une difficulté se présentait en ce qui concerne

les régiments de réserve et territoriaux qui n'ont point de bonis. Le cas a été prévu. Des fonds d'économie, destinés à leur être remis à la mobilisation pour servir aux achats dont je viens de parler, sont constitués en temps de paix; il se forment au moyen de prélèvements sur les économies réalisées par les ordinaires lors des convocations des réservistes ou des territoriaux.

Pour en revenir à la solde de la troupe, demandons-nous maintenant comment on régularise les sommes perçues à titre de prêt. Vous savez que régulariser une perception, c'est s'assurer de sa légitimité.

Le capitaine a demandé à l'officier payeur, approximativement, les sommes qu'il croyait dues à ses hommes. L'officier payeur a compris sur un état récapitulatif toutes les sommes payées par lui à titre de prêt, le même jour, aux capitaines de son détachement, et a fait, du montant de cet état, une inscription unique de dépense à son registre-journal. A la fin du trimestre le trésorier à la portion centrale reçoit les feuilles de journées des compagnies, où il voit quel est le nombre de journées de présence acquises à chaque unité pendant le trimestre; il reçoit également la comptabilité de l'officier payeur qui lui indique les sommes payées à chaque capitaine à titre de prêt. Il rapproche les droits acquis des perceptions; un état comparatif est dressé par lui; les sommes que les capitaines ont touchées en moins doivent leur être remboursées, celles qu'ils ont touchées en trop leur être retenues (article 142). Les états comparatifs concernant les compagnies de chaque fraction de corps sont adressés au conseil éventuel de cette fraction ou à l'officier qui la commande; et le conseil ou l'officier commandant procède au recouvrement des débets ou au remboursement des créances (article 142).

Je viens de vous dire que l'officier payeur payait le prêt aux capitaines. Il faut vous dire maintenant où il prend cet argent. Les sommes nécessaires pour payer la solde et acquitter toutes les autres dépenses sont demandées au Trésor au moyen d'états de solde. La solde de la troupe est perçue d'avance le 1er et le 16 de chaque mois. La solde des officiers, les allocations spéciales aux sous-officiers rengagés et les allocations des diverses masses, qui ne sont dues qu'à terme échu, sont touchées au Trésor le dernier jour du mois pour le mois écoulé. Il est bien entendu d'ailleurs que pour les masses le conseil d'administration éventuel ou l'officier commandant ne doivent demander au Trésor que la partie des allocations dont le conseil d'administration central leur a délégué l'emploi. On demande au Trésor ce que l'on croit nécessaire; il s'établit ainsi entre le corps et le Trésor un compte courant qui se règle trimestriellement quand la revue de liquidation est arrêtée.

Les états de solde sont établis par l'officier payeur et ordonnancés par le sous-intendant; le conseil d'administration les acquitte et l'officier payeur touche au Trésor les sommes qui y sont portées; la recette est inscrite par le comptable du Trésor sur le livret de solde du détachement. L'officier payeur fait immédiatement le versement de ces sommes dans la caisse du conseil; la recette est portée sur un carnet de caisse enfermé dans la caisse et qui n'en doit point sortir. Le conseil lui remet, au fur et à mesure, les sommes qui lui seront nécessaires pour les payements à effectuer. Toutes les recettes effectuées au Trésor, toutes les sommes remises par le conseil à l'officier payeur, toutes celles que celui-ci a payées pour quelque cause que ce soit, sont inscrites par lui au fur et à mesure sur son registre-journal des recettes et dépenses. Il va sans dire que l'officier payeur doit retirer des pièces justificatives de tous les payements qu'il effectue. En fin de trimestre, l'officier payeur adresse au trésorier à la portion centrale un extrait de son registre-journal appuyé de toutes les pièces justificatives.

Toutes ces règles du temps de paix subsistent en campagne, sauf que la solde est payée non plus par les fonctionnaires des finances du territoire auxquels on s'adresse à l'intérieur, mais par les agents d'une administration spéciale, mobilisée pour la guerre : la trésorerie aux armées.

J'en ai terminé avec la solde ; je passe maintenant aux allocations en nature.

En temps de paix, les vivres en nature sont perçus par le capitaine sur petits bons remis par lui à l'officier payeur ; l'officier payeur récapitule tous ces petits bons sur un bon unique, perçoit les vivres en bloc en échange de ce bon unique dans les magasins de l'Etat ou de l'entrepreneur, et la répartition est faite immédiatement entre les fourriers des compagnies. En temps de paix, l'Etat ne fournit en nature que le pain et la distribution a lieu tous les deux jours.

En temps de guerre, ces règles subsisteront pour les unités stationnées sur le territoire. Pour celles-là, rien de changé ; elles toucheront leur solde, leur pain en nature, et leur viande sous forme d'indemnité représentative. Et pour leur faciliter les achats auxquels cette indemnité doit pourvoir, le règlement sur le fonctionnement des ordinaires veut que tout marché pour fourniture de viande passé en temps de paix contienne une clause disposant qu'il se continuera de plein droit à la mobilisation avec le corps de réserve ou territorial qui viendra remplacer le corps actif, et que, si l'ordre de mobilisation est donné dans le dernier mois du marché, ce marché sera de plein droit prorogé d'un mois.

Pour les fractions faisant campagne, au contraire, nous allons constater de nombreuses différences avec les règles du temps de paix :

Les distributions se feront, autant que possible, tous les jours ; il n'y aura plus d'entreprise ; les vivres en nature seront toujours touchés aux magasins administratifs ou auprès d'un intermédiaire qui est l'officier d'approvisionnement.

Mais la différence la plus grosse sera que, en campagne, l'Etat fournira en nature toutes les denrées nécessaires à l'alimentation, non seulement le pain, mais encore la viande et aussi les vivres de campagne (*légumes secs, sel, sucre, café, eau-de-vie*) ; et ce ne sont pas seulement les hommes de troupe qui auront droit aux rations en nature, mais encore les officiers; un nombre de rations variant avec le grade est attribué journellement à chacun d'eux. Il va sans dire que l'indemnité représentative de viande ne sera plus perçue, puisque la viande sera touchée en nature; mais la solde ne cessera pas de l'être, malgré la perception des vivres de campagne; elle servira à l'acquisition de légumes frais quand on en trouvera et, en tout état de cause, à l'amélioration de l'alimentation fournie en nature.

Une autre différence est qu'à l'intérieur les rations sont d'un taux fixe et invariable, tandis qu'en campagne elles sont susceptibles de varier sur l'ordre des généraux. Le règlement du 11 janvier 1893 sur le service de l'alimentation en temps de guerre prévoit une ration normale de campagne déjà supérieure à la ration du temps de paix, et une ration forte, plus élevée encore. Les généraux peuvent prescrire l'une ou l'autre à leur gré, ou même allouer des suppléments extraordinaires, ou encore attribuer des indemnités représentatives. C'est l'application du principe d'après lequel la quantité des aliments réparateurs doit être en proportion avec les forces dépensées, principe que l'on condense souvent dans cet aphorisme plus court : « A marche forcée, ration forcée ».

Enfin, en campagne, la nourriture des hommes pourra dans certains cas être assurée par les habitants sous forme de repas réquisitionnés ou payés, repas qui représenteront des demi-journées de nourriture. Il est clair que la nourriture procurée sous cette forme sera exclusive de toute allocation de denrées en nature.

Voyons maintenant comment se régularisent les fournitures en nature.

L'officier payeur tient en temps de paix un registre de distributions dans lequel un compte est ouvert à chaque compagnie; à ce compte il porte toutes les rations de diverses denrées perçues par la compagnie pendant le trimestre. A la fin du trimestre il envoie un extrait de son registre de distribution à la portion centrale. Le trésorier a reçu également les feuilles de journées; il compare les droits qui en découlent aux rations perçues. Si un capitaine a touché en trop, il doit rembourser la valeur de l'excédent d'après un tarif inséré annuellement au *B. O.* et dit tarif des trop-perçus (art. 129). Le trésorier établit à cet effet, pour chaque capitaine dans ce cas, un extrait du registre des distributions, qui est adressé au conseil d'administration éventuel ou à l'officier commandant chargés de faire effectuer le remboursement.

Mais si quelques capitaines ont perçu en moins, d'autres en plus, on applique les moins-perçus des uns à compenser les trop-perçus des autres et on ne fait rembourser que l'excédent. Cependant l'article 128 du décret du 14 janvier 89 dispose : « A moins d'une décision spéciale du Ministre, il n'est établi aucune compensation entre les trop ou les moins-perçus de deux fractions d'un même corps dont l'une est sur le pied de paix et l'autre sur le pied de guerre. » Je vous dirai tout à l'heure la raison de cette dérogation à la règle:

En ce qui concerne le pain et l'avoine, on ne règle qu'en fin d'année; les trop ou moins-perçus des quatre trimestres de l'année se compensent.

Il est de règle qu'on ne rembourse jamais à un capitaine la valeur des vivres qu'il aurait perçus en moins. Vous savez pourquoi : on n'a pas voulu éveiller, en ce qui concerne les allocations en nature, un esprit d'économie qui pourrait être louable en soi, mais dont l'alimentation et la santé des hommes pourraient avoir à souffrir. Il n'y a d'exception que pour le pain. Le bénéfice résultant de l'économie réalisée se partage entre la compagnie et l'Etat; et le trésorier rembourse à la compagnie la moitié de la valeur des rations perçues en moins. — Toutes ces règles du temps de paix ne subissent point de modifications en temps de guerre.

Ainsi la régularisation des prestations tant en nature qu'en deniers dépend du nombre de journées de présence acquises à l'unité. Il faut donc tenir la comptabilité de ces journées.

A cet effet, chaque jour, le capitaine établit une situation administrative indiquant, par grades, le nombre d'hommes présents qui ont participé aux allocations. L'effectif de ces présents se déduit de celui de la veille, compte tenu des mutations qui l'ont modifié pendant les 24 heures. Une feuille de journées est ouverte où s'échelonnent autant de lignes horizontales que le trimestre contient de jours et qui est divisée en autant de colonnes verticales qu'il y a dans la compagnie d'hommes touchant une solde différente. Sur chacune de ces lignes horizontales on inscrit au jour le jour, dans les diverses colonnes verticales, les nombres des différentes journées de présence (adjudants, sous-officiers, soldats, etc.) ressortant aux situations journalières; en fin de trimestre, on additionne tous ces nombres et on a la somme des diverses journées de présence acquises à l'unité.

C'est la comptabilité numérique. Vous voyez que le système est simple et par conséquent pratique pour des troupes faisant campagne. Mais son principal mérite est que les feuilles de journées sont toujours prêtes à être arrêtées rapidement. Or, précisément, le règlement du 29 mai 1890 sur la solde veut que les feuilles de journées soient arrêtées au moment de la mobilisation et qu'il en soit ouvert de nouvelles (article 102); il veut aussi qu'il soit fait des feuilles de journées distinctes pour l'intérieur et pour les armées.

Autrefois les feuilles de journées étaient conçues différemment. Une ligne était affectée à chaque homme; en regard de son nom on inscrivait, au fur et à mesure qu'elles se produisaient, toutes les mutations le concernant; en fin de trimestre on déduisait de ces mutations le nombre de journées de présence acquises, du fait de cet homme, à l'unité. Cet arrêté demandait beaucoup de temps, mais les résultats en étaient très sûrs; c'était la comptabilité nominative.

Ce système présentait, au point de vue du contrôle, des garanties bien plus sérieuses que le système nouveau. Dans celui-ci, en effet, il faut saisir les erreurs au vol; et si on en a laissé échapper une, comme l'effectif du jour se déduit de celui de la veille tenu pour bon, l'erreur se perpétue. Le sous-intendant qui ne vérifie que sur pièces ne peut relever que les erreurs qui lui sont révélées par l'examen des pièces de mutations; mais il ne peut plus se convaincre de la concordance des pièces avec les faits depuis que le droit de passer des revues d'effectif inopinées lui a été enlevé.

Ce n'est pas que je sois partisan des revues d'effectif à grand apparat, telles qu'on les passait autrefois. Ces revues-là avaient été imaginées aux époques troublées de notre histoire, moins encore peut-être pour permettre de constater l'effectif, que pour faire apparaître aux yeux des troupes la majesté de la loi dans la personne d'un fonctionnaire très empanaché, commissaire de guerre ou inspecteur aux revues, qui était son représentant visible. Nous n'en sommes plus là aujourd'hui. Mais cela ne veut pas dire que la revue d'effectif n'ait plus sa raison d'être. Savez-vous comment les choses se passent en Prusse? En Prusse, jamais un régiment n'est réuni tout entier pour une revue d'effectif, mais, quand un fonctionnaire rencontre une unité isolée, une compagnie allant à la manœuvre par exemple, il a le droit de requérir le capitaine de lui faire compter ses hommes. Le sous-officier comptable tire de son sac le contrôle de la compagnie ; on fait l'appel et on compte ; c'est l'affaire de quelques minutes : et le contrôle s'exerce ainsi de la façon la plus rapide, la plus sérieuse et en même temps la plus discrète, sans le moindre apparat et sans dérangement pour personne.

On peut comparer la comptabilité à un filet dans lequel doivent venir se prendre toutes les erreurs. La comparaison n'est pas nouvelle ; elle date de Cicéron qui, dans son *De Officiis*, enthousiasmé d'un artifice de procédure inventé par son ami Aquilius Gallus, déclare que c'est là un filet dans lequel viennent se prendre toutes les fraudes : *everriculum malitiarum omnium*. Si on applique cette comparaison du filet à la comptabilité, on peut la compléter en disant qu'il y a derrière ce filet quelqu'un qui veille pour harponner les erreurs qui auraient malgré tout réussi à se glisser à travers les mailles ; ce quelqu'un, c'est le contrôle. Il est dès lors bien évident que si l'on élargit les mailles, il faut fortifier le contrôle. Or, dans la matière qui nous occupe, c'est précisément le contraire que l'on a fait : en substituant à la comptabilité nominative, qui donnait des résultats très sûrs, la comptabilité numérique qui en donne de beaucoup moins certains, on a élargi les mailles ; et en supprimant les revues d'effectif, on a affaibli le contrôle.

Ces considérations peuvent avoir l'air d'un plaidoyer *pro domo* ; elles auront cependant le mérite de vous montrer qu'à côté de ses avantages, qui sont évidents, la comptabilité numérique, au moins telle que nous la pratiquons, a des inconvénients qui ne le sont pas moins ; et ceci vous expliquera qu'on ait si longtemps hésité à l'adopter en France. La réforme, en effet, ne date que de 1887. C'est encore là un emprunt que nous avons l'air d'avoir fait à la Prusse, qui avait adopté la comptabilité numérique bien avant nous. Ne croyez pas pourtant que ce système de comptabilité était inconnu en France; et la preuve c'est que pendant la guerre du Mexique, lorsqu'il fallut doter d'une comptabilité en journées les légions belge et autrichienne qui étaient venues apporter leur concours à l'armée française, l'intendance leur appliqua la comptabilité numérique; le système fonctionna avec plein succès et on n'eut qu'à s'en féliciter.

J'en ai fini avec la solde et les allocations en nature, et j'aborde maintenant l'étude des masses.

Tout à l'heure, en parlant des masses, je les classais en deux catégories : celles qui, ne comportant que des soins d'administration restreints, peuvent sans inconvénients continuer à fonctionner en campagne; celles qui, en raison du caractère contraire qu'elles présentent, sont incompatibles avec l'état de guerre.

Les masses de la première catégorie sont :

1° La masse des écoles qui subvient aux dépenses de l'enseignement commun (*tir, escrime, gymnastique*), et la masse de casernement. De ces deux-là je n'ai rien à vous dire; leur fonctionnement ne sera en rien modifié par la déclaration de guerre;

2° La masse de harnachement et ferrage, qui subvient à l'entretien du harnachement et de la ferrure des animaux. Cet entretien est assuré en temps de paix par des marchés d'abonnement passés avec les maîtres selliers et les maîtres maréchaux ferrants.

L'abonnement est un forfait intervenu entre le corps et les abonnataires, forfait en vertu duquel ceux-ci s'engagent à entretenir la ferrure et le harnachement, quelle que soit l'importance de cet entretien, moyennant un prix invariable fixé à tant par journée de cheval. C'est là un contrat aléatoire. Cela va bien en temps de paix où l'aléa peut être circonscrit dans des limites déterminées à l'avance. Mais il n'en est plus de même en campagne où les dépenses d'entretien peuvent varier brusquement et dans des proportions inattendues. Or, vous savez qu'un contrat aléatoire, quand l'aléa est susceptible de varier dans de fortes proportions, devient bien vite immoral; avec un pareil contrat on risque de ruiner un entrepreneur ou de lui faire réaliser des bénéfices hors de proportion avec les services qu'il a rendus. Il était donc nécessaire pour les unités mobilisées de modifier les contrats qui, en temps de paix, liaient les abonnataires envers elles.

En ce qui concerne le ferrage des animaux, l'abonnement passé par escadron ou batterie en temps de paix se continue en campagne, mais les prix du temps de paix sont doublés. (Voir 2 mai 1878, page 233.)

En ce qui concerne l'entretien du harnachement, on renonce, en tout ou en partie (cela dépend des armes), au système de l'abonnement, pour lui substituer le régime de clerc-à-maître, c'est-à-dire un régime dans lequel chaque réparation est payée distinctement ce qu'elle vaut d'après un tarif convenu à l'avance.

Dans les corps de cavalerie on renonce absolument à l'abonnement pour lui substituer le régime de clerc-à-maître sans atténuation aucune. (30 novembre 1867, art. 9, p. 906.)

Dans les corps de l'artillerie et du train, on met en pratique, à la mobilisation, un régime composite, appelé régime mixte de campagne. Les réparations qui n'exigent que de la main-d'œuvre et des fournitures insignifiantes sont assurées à forfait, moyennant un prix convenu par cheval; les réparations plus considérables sont faites au contraire de clerc-à-maître, d'après un prix prévu à l'avance pour chacune d'elles. Il va sans dire que pour la mise en pratique du nouveau système inauguré avec la mobilisation d'une unité, un marché spécial sera passé par l'officier commandant avec l'ouvrier bourrelier chargé d'assurer les réparations en campagne. (11 juin 1883, art. 49, p. 873.)

3° La masse d'entretien, qui a à sa charge l'entretien de la musique, des approvisionnements d'habillement, de certains locaux communs, et pas mal d'autres dépenses intéressant l'ensemble du corps. Autrefois, elle constituait une masse distincte; actuellement, elle est confondue avec la masse d'habillement. En cas de guerre, elle recouvrerait son autonomie. Le tarif de la nouvelle masse est annexé à l'instruction du 6 novembre 1889, sur le service de l'habillement en temps de guerre, dont l'article 2 est ainsi conçu : « Les conseils d'administration des corps de l'armée active préparent à l'avance la répartition de la masse d'entretien entre les diverses portions détachées, soit à l'armée, soit à l'intérieur, en tenant compte de la composition et de l'affectation de chaque portion. La délibération est conservée dans les archives de mobilisation du corps. Une copie est adressée au sous-intendant militaire qui la conserve dans les mêmes conditions. La délibération est inscrite au registre des délibérations lors de la mobilisation. »

Les masses de la 2e catégorie, qui sont supprimées en cas de guerre, sont la masse de chauffage et la masse d'habillement.

Le fonctionnement de la masse de chauffage en temps de paix est assez compliqué. Les tarifs allouent aux corps des rations en nature de taux différents pour le chauffage des chambres et pour la cuisson des aliments; les premières varient selon les saisons et les latitudes; les secondes suivant qu'elles s'appliquent à des collectivités faisant usage de fourneaux économiques, ou à des individualités n'en faisant pas usage, soit qu'elles ne soient pas assez nombreuses pour utiliser un fourneau, soit qu'il n'y ait point de fourneau à mettre à leur disposition; la ration est dite alors individuelle. Le Ministre fixe tous les ans le prix du combustible dans chaque place. Le corps convertit en argent, d'après ce prix, le combustible qui lui revient, d'après le nombre et l'espèce des rations auxquelles les tarifs lui donnent droit. C'est cette somme qui lui est ordonnancée et qui est versée à la masse; et la masse achète le combustible comme elle l'entend et en pourvoit les compagnies.

La masse de chauffage doit cesser de fonctionner le 2e jour de la mobilisation. Les comptes de la masse seront alors arrêtés de façon à mettre en évidence la richesse du corps à cette date, tant en deniers qu'en combustibles, pour que l'Etat puisse reconstituer cette richesse à la démobilisation. En attendant, l'Etat s'empare des approvisionnements de combustible constitués par les corps, et se constitue désormais leur pourvoyeur. Les rations de chauffage sont dès lors perçues par les compagnies et par les corps d'après le mode adopté pour toutes les fournitures en nature.

Il est bien entendu qu'en campagne il ne peut être question de fourneaux économiques, ni partant de rations collectives; ce seront des rations individuelles qui seront toujours touchées.

Le fonctionnement de la masse d'habillement, en raison de la complication du service qu'il s'agit d'assurer, donne lieu encore à des préoccupations bien plus grandes et exige des écritures considérables. Les tarifs allouent aux compagnies, pour chaque journée de présence des hommes de l'unité, une prime journalière; l'accumulation de ces primes constitue le fonds particulier de l'unité. Il alloue en outre à l'ensemble du corps, pour chaque journée de présence des hommes comptant à son effectif, une prime journalière et de plus des primes fixes mensuelles dont l'importance varie avec le nombre d'unités dont le corps se compose; l'ensemble de ces primes journalières et mensuelles constitue le fonds commun du corps. Le corps emploie ce fonds commun à acquitter certaines dépenses d'entretien (précisément celles qui, à la mobilisation, passeront à la charge de la masse d'entretien dont je vous parlais tout à l'heure); mais il les emploie surtout à acquérir de l'Etat les effets nécessaires pour l'habillement du corps; les effets ainsi acquis sont placés au magasin commun du corps et constituent une réserve où viennent puiser les capitaines. Ceux-ci, en effet, font emploi de leurs fonds particuliers en tirant du magasin commun du corps, contre remboursement, les effets qui leur sont nécessaires pour habiller les hommes de leur unité. Ces effets sont, pour partie, remis aux hommes; l'excédent est conservé dans le magasin particulier de la compagnie; les fonds particuliers servent encore aux capitaines à faire entretenir et réparer les effets qu'ils ont acquis.

Vous voyez d'après cela que le conseil d'administration pour l'ensemble du corps, le capitaine pour sa compagnie, ont à la fois à gérer des deniers (*fonds communs ou fonds particuliers*) et des matières (*effets entreposés dans leurs magasins*). Ils ont donc à tenir une comptabilité-deniers et une comptabilité-matières.

La comptabilité-deniers relative à l'ensemble de la masse est tenue tout entière à la portion centrale; nous ne nous en occuperons donc pas.

Mais examinons celle d'une compagnie. Le capitaine a la gestion de ses fonds particuliers, mais il n'en a pas le maniement. Ces fonds, le conseil d'administration central les encaisse, et le trésorier ou l'officier payeur payent pour le capitaine les dépenses que celui-ci a engagées; ils lui servent de caissier. Le capitaine aura donc à tenir un compte qui lui dise à chaque instant quel est son actif chez le trésorier, quel est son passif, et quelle est la somme existant entre les mains de ce comptable dont il peut encore disposer. Ce compte, c'est le compte trimestriel des fonds particuliers. Il fait ressortir d'un côté le montant des primes acquises à la compagnie; de l'autre le montant des dépenses effectuées pour acquisitions d'effets au magasin du corps ou pour réparations; la balance donne l'avoir du fonds particulier.

Ajoutons que chaque fois que le capitaine demande des effets au magasin commun, il lui faut établir un bon décompté; ces demandes doivent être mensuelles.

Pour ce qui concerne la comptabilité-matières, il faut savoir que les corps ont en leur possession deux sortes de matériel. L'une, qui est acquise sur les fonds de leurs masses et qui leur appartient dans les mêmes conditions que ces masses, c'est-à-dire qu'ils ont le droit d'en user et même d'en disposer, l'Etat ne se réservant qu'un droit de propriété supérieur en vertu duquel il peut supprimer les masses et s'emparer de leurs richesses, à charge de pourvoir lui-même dorénavant aux besoins auxquels ces richesses devaient satisfaire. Le matériel de cette espèce est celui qui est acquis sur les fonds de la masse d'habillement, de la masse de harnachement, de la masse des écoles. Les corps sont simplement astreints, en fin d'année, à fournir un inventaire donnant la valeur de ce matériel-là, pour permettre aux pouvoirs publics d'en évaluer le montant.

La seconde espèce de matériel est celui qui, appartenant à l'Etat, est mis par celui-ci à la disposition des corps; le corps n'en est que dépositaire et il en reste comptable envers l'Etat. Ici, ce ne sont plus de simples inventaires qu'il doit produire en fin d'année, mais de véritables comptes de gestion avec justification des entrées et des sorties. Le matériel confié ainsi aux corps intéresse soit le service de santé : c'est le matériel de l'infirmerie; soit le service de l'habillement : ce sont les effets constituant la réserve de guerre et destinés à habiller les réservistes et territoriaux en cas de mobilisation; ce sont encore certains effets, effets de campement surtout, qui sont fournis gratuitement au corps et qui constituent le service courant. Dans les comptes postérieurs à la mobilisation, ces effets qui en temps de paix s'appellent « *effets mis gratuitement à la disposition du corps* », s'appelleront « *effets gratuits du régime de paix* ». Ce matériel dont je vous parle peut intéresser encore le service de la remonte : ce sont les chevaux; le service du harnachement : ce sont les selles et les harnais; le service de l'artillerie : ce sont les voitures; le service du génie : ce sont les outils; enfin le service des écoles : c'est, par exemple, le matériel de tir.

On conçoit que le conseil d'administration, qui est responsable de l'existence de ces deux espèces de matériel, veuille en connaître la répartition entre les différentes unités du corps. Pour cela il est tenu à la portion centrale, par l'officier d'habillement, et dans chaque portion détachée par l'officier délégué à l'habillement une comptabilité intérieure, distincte pour chaque espèce de matériel. Elle se compose, pour le matériel appartenant à l'Etat, d'un registre des entrées et sorties du magasin sur lequel les effets distribués aux compagnies ou réintégrés par elles sont inscrits en bloc chronologiquement; et d'un registre des distributions et réintégrations qui donne la répartition entre les compagnies des effets distribués ou réintégrés à la même date; ces deux registres sont arrêtés annuellement. Pour le matériel appartenant au corps, la comptabilité intérieure comporte les deux mêmes registres, mais qui s'arrêtent trimestriellement. Chaque registre est divisé en autant de sections qu'il y a dans le matériel auquel il se rapporte d'effets appartenant à des services distincts.

Cette dualité de comptabilité se retrouve dans les écritures des compagnies.

Pour les effets appartenant au corps qu'elles possèdent, elles tiennent des comptes trimestriels; celui de ces comptes qui s'applique aux effets de l'habillement s'appelle le registre des entrées et sorties de la compagnie; il fait ressortir dans une première partie les effets existant au magasin de la compagnie, et dans une seconde les effets entre les mains des hommes; les comptes qui s'appliquent aux objets appartenant à la masse de harnachement et ferrage et à ceux de la masse des écoles sont compris dans la première partie du registre de comptabilité.

Au contraire, les différentes catégories d'effets appartenant à l'Etat, qui sont confiées aux compagnies, ont chacune leur compte ouvert dans la deuxième partie du registre de comptabilité.

Voyons ce que devient tout cela à la mobilisation. La masse d'habillement et d'entretien cesse de fonctionner, au moins en ce qui concerne l'habillement. Nous savons qu'une masse distincte et séparée est créée sous le nom de masse d'entretien.

La masse d'habillement ne fonctionnant plus, l'Etat se charge de la fourniture directe aux corps de troupe des effets dont ils auront besoin; et, comme conséquence, il leur reprend, une fois l'effectif de guerre habillé, tous les effets tant de l'approvisionnement des compagnies que de l'approvisionnement du corps qui restent disponibles.

Les comptes de la masse sont arrêtés au jour qui a précédé la mobilisation. Ils font ressortir l'avoir en numéraire et en effets des compagnies et du fonds commun, de facon que, la guerre finie, ces richesses puissent être reconstituées telles qu'elles existaient au début de la mobilisation.

L'Etat reprenant tous les effets des corps, il n'y a plus dans les corps qu'une seule catégorie de matériel d'habillement : le matériel appartenant à l'Etat.

Du coup, le registre des entrées et sorties et le registre des distributions et réintégrations qui étaient spéciaux au matériel appartenant au corps, et que tenait l'officier délégué à l'habillement, disparaissent.

Les simplifications dans les écritures de la compagnie ne sont pas moins grandes; le compte trimestriel des fonds particuliers, le registre des entrées et sorties ne sont plus tenus; les bons mensuels décomptés cessent d'être produits. Désormais le capitaine ne tiendra plus que des comptes numériques très simples, relatant au jour le jour les entrées et les sorties pour chacune des catégories d'approvisionnements dont il est détenteur. Pour recevoir des effets du magasin il produira un bon de distribution numérique ; pour en rendre, un bulletin de versement également numérique.

Ainsi on revient, à la mobilisation, au système qui a précédé celui de la masse d'habillement, c'est-à-dire au système de la fourniture directe par l'Etat des effets d'habillement. Mais revient-on du même coup aux complications qui ont fait abandonner le système ? Les effets distribués seront-ils comme autrefois doués d'une vie administrative, se prolongeant un certain nombre de trimestres, au cours de laquelle il faudra les suivre dans leurs pérégrinations entre leurs différents détenteurs et entre ceux-ci et les magasins ? Non. Le règlement prend la peine de le dire en termes formels : « Dans la comptabilité de l'officier d'habillement, les effets de la première et de la deuxième portion sont considérés comme sortis définitivement dès qu'ils sont distribués. »

Il n'y aura pas davantage de réforme, ce qui constituerait une complication.

Tout effet usé sera remplacé par l'Etat sans autre justification. Quant aux effets perdus ou détruits, leur destruction ou leur perte sera relatée par un procès-verbal constatant la force majeure ; et le sous-intendant sera compétent pour statuer souverainement, quel que soit le montant de la perte.

Vous voyez combien, en matière d'habillement, le régime du temps de guerre est différent du régime du temps de paix. Il y aura, pour passer de l'un à l'autre régime, certaines opérations nécessaires sur lesquelles il est bon de s'appesantir ; elles concernent l'arrêté des écritures de la compagnie après l'habillement de l'effectif de guerre et la remise à l'officier d'habillement des effets restant dans le magasin de l'unité.

Dès que la mobilisation sonne, le capitaine distribue aux hommes de l'effectif de paix les effets de la collection de guerre ; il leur retire et réintègre dans son magasin les effets des collections 2 et 3.

Il doit aussi habiller ses réservistes. Les effets de la réserve de guerre destinés à l'habillement des réservistes de chaque compagnie sont, en temps de paix, entretenus dans le magasin de réserve du corps ; ils y sont groupés en lots distincts par compagnie. Chaque lot comprend un nombre d'effets égal à l'effectif des réservistes que la compagnie doit recevoir, augmenté d'un tant p. 100 pour les essayages. Il sera remis, à la mobilisation, au capitaine de la compagnie à laquelle il est destiné.

La distribution de ces effets aux compagnies à la mobilisation sera justifiée dans les comptes de l'officier d'habillement au moyen de pièces appelées bons de mobilisation. Les bons de mobilisation sont distincts par compagnies. Ils comprennent trois colonnes qui indiquent, en regard de la dénomination de chaque effet, le nombre de ces effets compris dans le lot, le nombre réellement distribué aux réservistes, la différence rendue à l'officier d'habillement. Ces bons de mobilisation sont établis dès le temps de paix ; la première colonne (effets faisant partie du lot) est même remplie au crayon ; à la mobilisation, il n'y a plus qu'à compléter le bon une fois l'habillement des réservistes terminé.

Toutes les opérations relatives à l'habillement, tant de l'effectif de paix que des réservistes, se font, bien entendu, aux heures et dans les conditions prévues aux journaux de mobilisation des corps.

Quand elles sont terminées, le capitaine n'a plus qu'à arrêter son registre des entrées et sorties. Pour cela, aux totaux de la première partie (effets en magasin) il ajoute les totaux de la seconde (effets entre les mains des hommes) ; il a ainsi, en un total unique, tout l'avoir de sa compagnie.

A cet avoir il ajoute les effets de la réserve de guerre que lui a remis l'officier d'habillement et avec lesquels il a habillé ses réservistes.

Il déduit de tout cela les effets qu'ont sur eux les hommes de sa compagnie équipés en guerre, qu'il va emmener avec lui ou passer à d'autres unités. La différence donnera évidemment les effets qu'il laisse dans son magasin, et que l'officier d'habillement devra reprendre au nom de l'Etat.

Je viens de passer en revue les principales simplifications réalisées dans l'administration en campagne par les modifications apportées aux règles de l'administration du temps de paix.

Il me reste à vous esquisser la physionomie générale de la comptabilité en temps de guerre.

L'officier payeur aura à faire ses états de solde, à ouvrir des états d'émargement pour la solde des officiers et les indemnités des sous-officiers rengagés; il aura à tenir son registre-journal des recettes et des dépenses. Il aura à tenir aussi le registre des distributions du temps de paix, légèrement modifié de façon à enregistrer journellement l'effectif des compagnies en même temps que les distributions qui leur seront faites; ce sera le registre d'effectif et des distributions.

L'officier délégué à l'habillement ne tiendra plus qu'un seul registre-journal des entrées et sorties : celui du matériel appartenant à l'Etat; il tiendra aussi, pour ce matériel seulement, un registre des distributions et réintégrations.

Le capitaine de compagnie se bornera à établir tous les jours sa situation administrative et les bons pour la distribution des denrées; il fera sa feuille de prêt tous les cinq jours; enfin il produira à l'officier délégué à l'habillement des bons numériques de distribution ou des bulletins numériques de réintégration quand ce sera nécessaire.

Son registre de comptabilité du temps de paix est supprimé ; il est remplacé par un carnet de comptabilité de campagne, d'un format très portatif, destiné à enregistrer tous les renseignements qui permettront d'établir plus tard la comptabilité de la compagnie : positions diverses de la compagnie, rations allouées, effectifs journaliers, solde et rations diverses perçues, contrôles des officiers, des hommes et des chevaux, enfin enregistrement des entrées et sorties des effets appartenant aux diverses catégories de matériel dont le capitaine est détenteur ; enregistrement aussi des procès-verbaux relatant des pertes de matériel.

Ainsi, le capitaine n'établit plus aucune comptabilité : plus de feuilles de journées, plus de comptes de matériel ; il se borne à faire enregistrer à son carnet de comptabilité de campagne, au jour le jour, les faits qui se produisent.

Mais ce qu'il y a de particulier dans notre système de comptabilité en temps de guerre, c'est le fonctionnement, au dépôt du corps, à l'intérieur, d'un bureau de comptabilité dont le trésorier est le chef. En fin de trimestre, les carnets de campagne sont envoyés à ce bureau; et celui-ci, par leur moyen, est chargé d'établir les comptabilités des compagnies. D'ailleurs, tous les documents émanant au jour le jour de la compagnie, situations administratives, feuilles de prêt, bons, procès-verbaux, sont adressés à court intervalle à ce bureau (je vous ai cité, au début de cette conférence, un texte prescrivant cet envoi pour les feuilles de prêt), de sorte que si le carnet de campagne venait à se perdre, la comptabilité de la compagnie pourrait encore être reconstituée grâce à ces documents.

Ce bureau de comptabilité entre en fonctions dès le premier jour de la mobilisation. C'est son chef, le trésorier, qui est chargé de liquider à cette date toutes les dépenses des fonds particuliers et d'en arrêter le compte ;

c'est encore lui qui est chargé d'arrêter le registre-journal des entrées et sorties de la compagnie, quand le capitaine n'a pu le faire lui-même avant son départ ; c'est lui alors qui fait, au nom du capitaine et comme son représentant, la remise de son magasin de compagnie à l'officier d'habillement.

D'une façon générale, le bureau de comptabilité doit arrêter toutes les écritures des compagnies, et notamment les feuilles de journée, quand les capitaines n'ont pu le faire avant leur départ.

Cette création de bureaux de comptabilité, fonctionnant en arrière des armées, est une innovation heureuse qui est de peu d'années postérieure à la guerre de 1870.

Dans les guerres antérieures, on ne s'était jamais préoccupé d'alléger les règles de comptabilité du temps de paix. Aussi, qu'arrivait-il ? Les officiers comptables de tous ordres se voyaient bien vite dans l'impossibilité de tenir les comptabilités compliquées qu'ils auraient dû produire ; ils ne tardaient à être surmenés, et, découragés, ils jetaient le manche après la cognée ; et pour leur avoir demandé des justifications trop minutieuses, on n'en obtenait aucune.

La guerre finie, il fallait reconstituer de toutes pièces les comptabilités en retard pour tous les corps et pour tous les services. Vous sentez les difficultés auxquelles on se heurtait. Des légions d'employés se mettaient à la besogne ; et l'on voyait alors se perpétuer dans les ministères ces services de liquidation qui n'arrivaient, au prix d'un labeur énorme, à produire que des comptes à demi fantaisistes, et cela de longues années après que la guerre avait pris fin. Or, il est évident que pour qu'un contrôle quelconque sur des dépenses puisse s'exercer utilement, il faut qu'il soit contemporain des faits. Je vous laisse donc à penser ce que pouvait être, dans ces conditions, le contrôle du parlement et de la nation sur les dépenses de guerre.

Sous le régime qui nous gouverne aujourd'hui, le parlement regarde d'un peu plus près à toutes ces choses; et l'organisation nouvelle que je viens d'esquisser permet d'espérer qu'à l'avenir, peu de jours après qu'une guerre aura pris fin, nos Chambres pourront évaluer les dépenses qu'elle aura occasionnées, en discuter le bien fondé et les inscrire définitivement dans leurs budgets de liquidation.

Et puisque je vous parle de contrôle parlementaire, c'est encore une raison de contrôle parlementaire qui va nous donner la clef d'une règle à laquelle j'ai fait allusion au début de ma conférence. Je vous ai dit que les feuilles de prêt devaient être distinctes pour le pied de paix et pour le pied de guerre; il en est de même pour les feuilles de journées, il en est même pour les revues de liquidation.

Ainsi, scission brusque dans la comptabilité le premier jour de la mobilisation. Pourquoi? C'est que, dès que la guerre éclate, une ère nouvelle commence. Pour l'armée, des besoins nouveaux et extraordinaires se font jour, auxquels les ressources du temps de paix ne sauraient suffire et auxquels il faut faire face au moyen de crédits extraordinaires. Le premier soin du parlement sera de voter de semblables crédits. Mais il voudra, et c'est justice, qu'il lui soit justifié séparément de l'emploi de ces crédits extraordinaires votés spécialement pour la guerre. Pour cela, il n'est qu'un moyen, c'est que, du jour où la guerre commence, une nouvelle comptabilité commence aussi.

Mais ce n'est pas tout. Dès que la guerre éclatera, les dépenses vont se succéder sur tous les points du territoire, excessivement rapides, divisées, répétées; du jour au lendemain il se produira aux coffres du Trésor d'innombrables fissures par lesquelles les millions s'écouleront à flots, et à flots continus.

Pour se reconnaître dans cette immensité de dépenses, il sera indispensable d'y créer des classifications.

Cette nécessité a été envisagée, et le règlement sur la solde dispose que les dépenses faites sur le territoire et celles faites aux armées devront être justifiées de façon distincte, et que, de plus, les dépenses faites dans chaque armée donneront lieu encore à des justifications séparées.

Et ceci va vous expliquer la raison d'une règle que je vous citais au début de ma conférence, règle d'après laquelle les moins-perçus en nature réalisés par des compagnies faisant campagne ne peuvent venir en déduction des trop-perçus effectués à l'intérieur par d'autres compagnies du même corps, ou réciproquement. En effet, ces moins-perçus d'un côté, ces trop-perçus de l'autre, seront mis en lumière dans des comptabilités distinctes; ils ne sauraient donc se compenser.

Cette nécessité de classer les dépenses entraînera évidemment avec elle des arrêtés successifs de comptabilité. Ainsi, le jour de la mobilisation, la feuille de journées du temps de paix de la compagnie sera arrêtée et une nouvelle feuille de journées concernant le temps de guerre sera ouverte au titre du territoire ; quand la compagnie partira pour l'armée, il faudra clore la feuille de journée ouverte au titre du temps de guerre, mais au titre du territoire, et en ouvrir une autre au titre de l'armée; et, enfin, si par impossible cette compagnie passait de l'armée A à l'armée B, il faudrait arrêter la feuille de journée établie au titre de l'armée A et en établir une nouvelle au titre de l'armée B.

Vous sentez combien dès lors il était nécessaire d'avoir une comptabilité en journées qui pût se prêter rapidement à ces arrêtés successifs; or, c'est précisément ce desideratum que l'adoption de la comptabilité numérique a réalisé.

Il va sans dire que ces arrêtés successifs de comptabilité constituent une complication, non point pour les corps mobilisés, qui n'établissent plus leur comptabilité, mais au moins pour les bureaux de comptabilité qui les établiront à leur place.

Or, ces complications-là ne sont jamais vues d'un bon œil. On se rend parfaitement compte du surcroît de besogne qu'elles occasionnent; on n'aperçoit pas toujours les nécessités impérieuses d'où elles dérivent.

Je vous demande la permission, pour terminer cette causerie, de vous faire toucher du doigt ces nécessités-là.

On ne sait pas exactement ce que durera la prochaine guerre; les uns pensent que le premier choc sera assez terrible pour la terminer du coup. D'autres estiment, et je trouve leur opinion plus consolante, que si ce premier choc nous était défavorable, la nation saurait encore trouver dans son énergie et dans son patriotisme le moyen de continuer la guerre. Or, une chose est à peu près certaine : c'est que avec les frais énormes qu'entraînent les guerres d'aujourd'hui, si l'une de ces guerres vient à traîner en longueur, le succès final sera forcément pour celui des deux adversaires qui pourra mettre en ligne les derniers millions.

C'est là une affaire de prospérité financière et de crédit. Or, il n'est encore qu'un moyen pour une nation de se constituer une puissance financière assez solide pour résister à des revers militaires, et un crédit assez vivace pour se maintenir incontesté aux heures de crise : c'est de constituer un contrôle sérieux et efficace de ses dépenses publiques.

Un pareil contrôle ne va évidemment pas sans quelques investigations gênantes, ni sans quelques complications comptables du genre de celles dont nous parlions tout à l'heure. Mais ces complications-là on les acceptera de bonne grâce si l'on songe aux nécessités patriotiques qui les commandent et si l'on se dit qu'elles pourront peut-être un jour contribuer pour leur part au salut du pays.

Paris et Limoges. — Imp. milit. Henri CHARLES-LAVAUZELLE.

Librairie militaire Henri CHARLES-LAVAUZELLE

Paris, 11, Place Saint-André-des-Arts.

Comptabilité en campagne et habillement en temps de guerre, corps de troupe (édition mise à jour jusqu'au 15 février 1897). — Volume in 8° de 126 pages; broché, 1 »; relié pleine toile gaufrée.............. 1 75

Description du 12 avril 1892 des uniformes des officiers généraux, des officiers sans troupe et des employés militaires des différents corps ou services et **description du harnachement des chevaux de selle** des officiers généraux et assimilés. (Edition mise à jour des textes en vigueur jusqu'au 15 septembre 1896). — Volume in 8° de 172 pages, broché. 1 25
Relié pleine toile gaufrée.. 2 »

Description du matériel de campement en usage dans l'armée. (Edition mise à jour des textes en vigueur jusqu'au 15 septembre 1896.) — Volume in-8° de 164 pages avec figures et planches en couleurs, broché..... 1 50
Relié pleine toile gaufrée.. 2 25

Décret du 9 janvier 1896 portant règlement sur le service du harnachement dans les corps de troupe, avec modèles et tableaux. — Vol. in-8° de 126 pages; broché, 1 »; relié pleine toile gaufrée.... 1 75

Règlement du 4 janvier 1897 sur le service et l'entretien du **harnachement** dans les **établissements de l'artillerie,** avec tableaux et suivi de 5 annexes. — Vol. in-8° de 44 p., broché. » 50; relié pleine toile. 1 »

Décret du 14 août 1896 portant règlement sur la remonte des officiers et assimilés de tous grades et de toutes armes. — Volume in-8° de 72 pages avec modèles; broché, » 75; rel. pl. toile gaufrée..... 1 25

Règlement du 1er août 1896 sur le service de la remonte générale à l'intérieur. — Vol. in-8° de 136 pages avec modèles, broché..... 1 »
Relié pleine toile gaufrée.. 1 75

Règlement pour l'exécution du service des lits militaires à partir du 1er avril 1887. (Edition mise à jour des textes en vigueur jusqu'au 1er octobre 1896.) — Vol. in-8° de 300 p. avec modèle, br., 2 »; relié toile. 3 »

Instruction ministérielle du 24 janvier 1896, relative à la désignation, aux attributions et au fonctionnement **des officiers d'approvisionnement,** avec tableaux et modèles. — Vol. in-8° de 136 p.; broché .. 1 »
Relié pleine toile gaufrée.. 1 75

Règlement du 9 juin 1896 sur l'organisation, le rôle et l'emploi des **boulangeries de campagne.** — Volume in-8° de 116 pages; broché, 1 »; relié pleine toile gaufrée.. 1 75

Décrets du 20 octobre 1892 portant règlement sur le service intérieur : Infanterie, Cavalerie, Artillerie et Train des équipages (édition mise à jour jusqu'au 15 janvier 1897).
Texte. — Vol. in-8° de 756 pages, br. 5 »; relié pleine toile gaufrée. 6 50
Modèles. — Vol. in-8° de 124 p., br. 1 »; relié pleine toile gaufrée. 1 75

Règlement sur la solde et les revues des corps de la gendarmerie (édition mise à jour des textes en vigueur jusqu'au 15 août 1896).
Texte. — Vol. in-8° de 196 p., cart., 1 50; relié pleine toile gaufrée.. 2 25
Modèles. — Vol. in-8° de 132 p., cart., 1 25; rel. pl. toile gaufrée... 1 75

Règlement du 12 avril 1893 sur l'administration et la comptabilité des corps de la gendarmerie (édition mise à jour des textes en vigueur jusqu'au 1er septembre 1896).
Texte. — Vol. in-8° de 104 p., cart., 1 »; rel. pl. toile gaufrée....... 1 50
Modèles. — Vol. in 8° de 308 p., cart., 2 25; rel. pl. toile gaufrée... 3 »

Règlement sur l'administration et la comptabilité des Ecoles militaires (édition mise à jour des textes en vigueur jusqu'au 1er août 1896). — Vol. in-8° de 104 pages: broché, 1 »; relié pleine toile gaufrée.... 1 75

Règlement sur le service de l'habillement dans les écoles militaires (édition mise à jour des textes en vigueur jusqu'au 15 avril 1897. — Vol. in-8° de 100 p., avec tableaux, tarifs et modèles, br. 1 25; relié toile. 2 »

Sapeurs-pompiers de la ville de Paris. Masse individuelle, tarifs de solde, description des uniformes. (Edition mise à jour des textes en vigueur jusqu'au 15 octobre 1896.) — Volume in-8° de 92 pages, broché..... » 75
Relié pleine toile gaufrée.. 1 25

2

www.ingramcontent.com/pod-product-compliance
Lightning Source LLC
LaVergne TN
LVHW020253230826
846091LV00006B/2392

* 9 7 8 2 0 1 3 3 8 0 3 7 9 *